Feuerschuh und Windsandale

Josefine

URSULA WÖLFEL

Feuerschuh und Windsandale

MIT ILLUSTRATIONEN VON
REGINA KEHN

Thienemann

Inhalt

Von Tim, den anderen Kindern
und einem Familienfest

Der Junge hieß Tim. Er war fast sieben Jahre alt.

Manchmal war er traurig. Er war nämlich ein besonders dicker Junge, der allerdickste in der ganzen Klasse. Und besonders klein war er auch, der allerkleinste in der ganzen Schule. Die anderen Kinder nannten ihn »Möpschen« oder »Dicker«. Das meinten sie nicht böse. Aber Tim war traurig, wenn er das hörte, traurig und zornig. Er schrie:

»Ihr hässlichen langen Bohnenstangen! Ihr dürren Klappergestelle! Ihr Zaunlatten!«

Dann lachten die anderen Kinder ihn aus, weil er sich so aufregte. Und Tim weinte manchmal, weil er so klein und so dick sein musste.

Er wohnte mit seinen Eltern in einer großen Stadt. Ihre Wohnung war fast wie in einem

Keller. Wenn man sie besuchen wollte, musste man drei Stufen hinuntergehen. Die Fenster reichten bis auf die Erde. Eigentlich hätten sie gar keine Haustür gebraucht.

Tims Vater war Schuster. Er konnte aber nicht nur Schuhe flicken, er konnte auch wunderbare Geschichten erzählen. Viel Geld verdiente er nicht, nur gerade genug für die Mutter und Tim.

Die Mutter machte sich nichts daraus, dass

sie so wenig Geld hatten. Sie war nur froh, dass der Vater solch ein lieber, gescheiter Mann war.

Aber Tim wäre lieber ein reicher Junge gewesen. Er dachte: Dick sein und klein sein und arm sein, das ist zu viel Schlechtes auf einmal. Darum wollte er selbst Geld verdienen. Oft ging er morgens vor der Schule auf den Markt. Er half den Verkäufern, wenn sie ihre Waren auspackten. Er baute Türme von Apfelsinen und legte Muster aus roten und weißen Rettichen. Das konnte er sehr gut. Immer bekam er einen Apfel, eine Banane oder eine schöne Traube dafür. Aber manchmal gaben ihm die Männer auch einen Groschen. Die Eier- und Käsefrau gab ihm sogar immer zwei Groschen, wenn er alle Eier heil aus der Kiste geholt hatte. Für das Geld kaufte er Bonbons, die schenkte er den anderen Kindern. Er dachte, sie würden ihn dann nicht mehr auslachen. Aber das taten sie doch, wenn sie gerade fanden, dass Tim so komisch aussah.

Manchmal sparte er auch sein Geld, bis er

genug hatte für einen Riegel Schokolade, eine Zigarre und einen Dauerlutscher. Die Schokolade schenkte er der Mutter, die Zigarre gab er dem Vater und den Dauerlutscher behielt er für sich selbst.

»Heute haben wir einen großen Tag!«, rief dann der Vater. »Ein Familienfest!« Er räumte seine Schustersachen weg und steckte die Zigarre an. Und dann erzählte er von der Zeit, als er noch ein Wanderschuster war. Denn früher hatte er jeden Sommer sein Handwerkszeug in den Rucksack gepackt und war durch die Dörfer gezogen. Er hatte den Leuten die Schuhe geflickt. Dafür durfte er bei ihnen schlafen und essen. Unterwegs hatte er viel erlebt. Davon konnte er immer wieder erzählen.

Die Mutter saß dabei und aß ihre Schokolade und Tim leckte an seinem Dauerlutscher, immer schön sparsam, damit er lange etwas davon hatte.

Tim will nicht mehr Tim sein und die Geschichte von einem dicken König

Eines Tages ging Tim zu seinem Vater in die Werkstatt und sagte:

»Bald habe ich Geburtstag!«

»Was wünschst du dir?«, fragte der Vater.

»Ach, gar nichts«, sagte Tim. »Nur, dass ich nicht mehr Tim sein muss.«

»Du möchtest wohl lieber anders heißen?«, fragte der Vater. »Dann will ich mir einen schönen neuen Namen für dich ausdenken. Wie findest du Adolar? Oder Dagobert? Das klingt doch großartig! Oder ich denke mir etwas ganz Neues aus. Vielleicht nenne ich dich Zaunkönigsohn? Oder Kikuli Kikulorus?«

Aber Tim machte immer noch ein trauriges Gesicht.

»Ich will keinen neuen Namen«, sagte er.

»Tim gefällt mir sehr gut. Ich möchte einfach nicht mehr ich sein. Ein anderer Junge möchte ich sein.«

»Hm«, machte der Vater und fuhr sich mit der Hand durch die Haare. »Das ist sehr schwierig. Wie möchtest du denn sein?«

»Groß!«, sagte Tim. »Und dünn! Heute haben die Kinder in der Schule ein Lied gesungen:

Tim der Dicke,
geht über die Brücke;
da macht die Brücke rums
und der Tim macht plumps!

Das haben sie sich ausgedacht. Und alle haben mitgesungen und gelacht. Ich habe mich so geärgert, dass ich heulen musste.«

»Armer Tim!«, sagte der Vater. »Du hättest einfach mitlachen sollen. Ich glaube, es hat einmal einen berühmten König gegeben, der hieß Tim der Dicke. Über den haben die Leute immer Spottlieder gesungen. Aber er hat noch lauter gelacht als die Leute und er hat sogar mitgesungen. Und weil er so lustig und so klug war, hat ihn eine ganz schlanke wunderschöne Prinzessin geheiratet. Sie bekamen sechs Kinder. Drei spindeldürre Prinzen und drei kugelrunde kleine Prinzessinnen. Sie waren eine sehr vergnügte Familie.«

Aber Tim war nicht vergnügt.

»Ich bin doch kein König!«, rief er. »Wenn ich ein König wäre, dann würden alle frechen

Kinder jeden Tag verhauen! Oder ich würde mich einfach auf mein Pferd setzen und ganz weit fortreiten. Aber ich muss ja immer hier bleiben und mich auslachen lassen. Ich bin eben nur ein Keller-Schuster-Junge.«

»Ach!«, sagte der Vater. »Ich glaube, du möchtest auch andere Eltern haben. Das wird ja immer schlimmer.« Und er fuhr sich wieder mit der Hand durch die Haare. Wie ein trauriger Igel sah er nun aus.

»Nein, nein!«, rief Tim. »Ich habe euch doch so lieb! Ich will nie und nie andere Eltern haben.« Und er gab dem Vater einen Kuss.

»Siehst du!«, sagte der und lachte. »Und wir wollen nie und nie einen anderen Tim haben. Uns gefällst du am allerbesten von allen Kindern auf der Welt. Also müssen wir dir etwas anderes zum Geburtstag schenken.«

»Was denn?«, fragte Tim.

Der Vater legte seinen Zeigefinger auf Tims Mund. Der Finger schmeckte nach Leder und Leim.

»Nicht fragen!«, flüsterte der Vater. »Wir schenken dir nämlich in diesem Jahr etwas ganz Besonderes. Das haben die anderen Kinder in deiner Klasse noch nie von ihren Eltern bekommen.«

Tim fragte und fragte und bettelte und fragte natürlich jeden Tag, aber die Eltern verrieten ihm nichts. Sie lachten immer nur.

Dann lachte auch Tim. Wenn dieses Geschenk ein so großes Geheimnis war, musste es doch unglaublich schön sein. Vielleicht eine elektrische Eisenbahn? Oder ein lebendiges Pony zum Reiten? Man konnte sich die herrlichsten Sachen ausdenken.

Neunhundert Minuten
vor Geburtstag und die Geschichte
von einem dummen Mann

Am Tag vor dem Geburtstag konnte Tim in der Schule nicht mehr still sitzen. Er musste auf seinem Platz hin und her rutschen und aufspringen, und achtgeben konnte er überhaupt nicht mehr. Er wartete immer nur auf das Schellen. Dann war wenigstens wieder eine Stunde herum. Beim Lesen wusste er nicht, wo er das Buch aufschlagen musste. Beim Rechnen sagte er:

»Elf weniger zwei ist sieben!« Und als der Lehrer fragte, in welchem Monat Weihnachten ist, rief Tim: »Morgen!«

Als er nach Hause kam, sollte er einkaufen gehen. Die Mutter gab ihm einen Zettel. Darauf stand:

1 Paket Salz
6 Eier
1 Pfund Reis
2 Zitronen

»Ich brauche keinen Zettel«, sagte Tim. »Ich bin doch schon fast sieben Jahre alt. Es genügt, wenn ich mir die Anfangsbuchstaben merke. Salz, Eier, Reis, Zitronen – wenn man das zusammenliest, dann heißt es SERZ.«

Er legte den Zettel auf den Schrank und ging in den Laden. Aber unterwegs musste er wieder so viel an den Geburtstag denken, dass er alles vergaß. Nur, dass die Anfangsbuchstaben S-E-R-Z hießen, das wusste er noch. Er schaute sich die Waren im Laden an. Vielleicht würde ihm dann alles wieder einfallen? Und schließlich kaufte er Seife, Eier, Rosinen und zwei Zigarren.

Die Mutter lachte.

»Nun muss ich Seifensuppe kochen und Rosinen hineintun!«, rief sie.

»Aber die Eier waren richtig!«, sagte Tim. »Das habe ich noch ganz genau gewusst.«

Der Vater lachte auch. Er freute sich über die Zigarren.

Nachmittags schlossen die Eltern sich in der Werkstatt ein. Tim hörte, wie die Nähmaschine ratterte, wie der Vater pfiff und hämmerte, und wie die Mutter mitpfeifen wollte, aber die hohen Töne musste sie singen, die konnte sie nicht pfeifen.

Tim klopfte an die Tür.

»Geh spielen!«, riefen die Eltern. Aber Tim mochte nicht spielen. Er mochte auch keine Schulaufgaben machen. Gar nichts mochte er.

Alle Augenblicke klopfte er wieder an die Werkstatt-Tür.

Er fragte: »Wie viel Uhr ist es jetzt?«

Drinnen rief der Vater: »Jetzt ist es neunhundert Minuten vor Geburtstag!« Oder er rief: »In vier Minuten ist es sechzehn Stunden vor morgen früh!« Oder: »Gleich ist es sieben Jahre weniger einen halben Tag!«

Abends konnte Tim nicht einschlafen. Die Mutter brachte ihm Zuckerwasser. Aber das half auch nicht. Sie rief den Vater. Der setzte sich auf Tims Bett und erzählte:

»Es war einmal ein Mann, dem dauerte es immer viel zu lange von einem Geburtstag bis zum anderen. Er war sehr reich. Deshalb sagte er zu seiner Frau: ›Von morgen an habe ich jeden Tag Geburtstag. Morgen, übermorgen und überübermorgen, das ganze Jahr. Du musst mir jeden Tag einen Geburtstagskuchen mit Kerzen auf den Tisch stellen. Und Geschenke will ich natürlich auch haben.‹

Also gab es nun jeden Tag Kuchen und Geschenke für ihn. Jeden Morgen kamen seine Frau und seine Kinder und wünschten ihm viel Glück. Viele Monate lang taten sie das. Zuerst gefiel das dem Mann sehr gut. Aber allmählich wurde es ihm langweilig. Und eines Tages rief er: ›Zum Donnerwetter! Wann habe ich denn richtig Geburtstag?‹ – ›Der richtige Geburtstag war vor einer Woche‹, sagte seine Frau. ›Du hast nur nichts davon gemerkt, weil wir doch jeden Tag Geburtstag feiern.‹ Da merkte der Mann endlich, wie dumm er war. Von nun an wollte er nur noch einmal im Jahr Geburtstag haben wie alle Leute.«

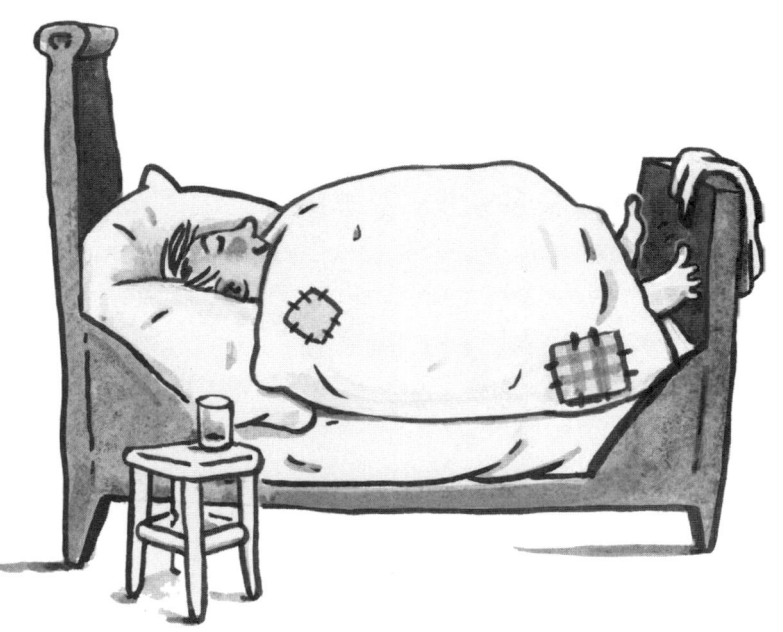

»Der arme Mann«, sagte Tim. »Der musste noch ein ganzes Jahr warten. Ich brauche nur noch eine Nacht zu schlafen. Aber ich muss bestimmt bis morgen früh wach bleiben.«

Da kam die Mutter wieder. Sie sang ihm Schlaflieder wie früher, als er noch ein kleiner Junge war. Als die Mutter fünf Lieder gesungen hatte, war Tim endlich eingeschlafen.

Feuerschuhe, Windsandalen
und ein großer Plan

Als Tim dann wieder aufwachte, war der Geburtstag da. Er lief ins Elternschlafzimmer.

»Guten Morgen!«, rief er. »Jetzt habe ich Geburtstag!«

Er bekam viele Küsse und die Eltern wünschten ihm viel Glück. Dann liefen sie in ihren Nachthemden in die Küche. Die Mutter meinte, sie sollten sich zuerst anziehen. Aber so lange konnte Tim nicht mehr warten.

In der Küche stand der Geburtstagskuchen auf dem Tisch. Aber wo war das große, das wunderbare Geschenk? Nur zwei Paar Schuhe standen dort. Ein Paar neue rote Kinderschuhe und ein Paar große Männersandalen. Und auf den Stühlen lagen zwei Rucksäcke, ein großer und ein kleiner. Tim schaute sich um. Bekam er sonst nichts zum Geburtstag? Nur ein

Paar neue Schuhe und einen Rucksack für den Schulausflug? Keine Eisenbahn? Gar nichts zum Spielen? Und was sollte er mit den großen Sachen? Die sahen aus, als wären sie für den Vater. Der hatte doch heute nicht Geburtstag.

»Die Schuhe sind gut geworden, nicht wahr?«, fragte der Vater. »Und die Rucksäcke hat die Mutter genäht. Du musst sie dir genau

ansehen. Solche Rucksäcke kann man nirgendwo kaufen.«

»Ja«, sagte Tim. »Sehr schön. Vielen Dank.«
Dabei hatte er Tränen in den Augen. Ach, was
war er doch für ein armer Junge. Gar nichts
zum Spielen schenkten ihm die Eltern.

»Jetzt kommt aber noch die Hauptsache«,
sagte die Mutter schnell.

»Nein, das sage ich!«, rief der Vater. »Ich
habe den guten Gedanken gehabt!« Und dann
sagte er: »Lieber Tim! Du wolltest doch so
gern ein König sein und weit fortreiten. Leider
können wir dir kein Pferd schenken, weil wir
doch keinen Stall haben. Aber mit diesen neuen
Schuhen und mit diesen herrlichen Rucksäcken
werden wir beide weit fortwandern, wenn du
Ferien hast. Wir gehen ins Gebirge hinauf zu
den einsamen Höfen und in die kleinen Dörfer.
Ich flicke den Leuten die Schuhe und dafür lassen sie uns irgendwo schlafen und geben uns
zu essen. Natürlich verdiene ich auch Geld.
Das schicke ich dann der Mutter. Hast du Lust
mitzukommen?«

»Ja!«, rief Tim. »Sind wir dann richtige Landstreicher?«

»Das glaube ich, dass ihr richtige Landstreicher sein werdet, ihr beide!«, rief die Mutter.

Der Vater und Tim zogen die neuen Schuhe an und setzten die Rucksäcke auf. So marschierten sie durch die Küche, alle drei in ihren langen weißen Nachthemden. Sie sangen:

»Das Wandern ist des Müllers Lust!«, so laut, dass man es bis auf die Straße hören konnte.

»Halt!«, rief der Vater und blieb stehen. »Ich habe ja noch ein Geschenk für dich! Einen neuen Namen: Ich nenne dich Tim Feuerschuh!«

»Wunderbar!«, sagte Tim. »Das klingt wie ein Indianername. Unterwegs musst du mich immer so nennen. Aber dann müssen wir beide einen anderen Namen haben. Wie willst du heißen?«

»Ich weiß etwas!«, rief die Mutter. »Windsandale soll er heißen!«

»Meinst du?«, fragte der Vater. »Das klingt so leichtsinnig.«

»Windsandale heißt du!«, rief Tim. »Windsandale! Und ich habe noch nie so etwas Tolles zum Geburtstag bekommen!«

Sie aßen fast den ganzen Geburtstagskuchen zum Frühstück.

Dabei redeten sie so lange und machten so viele Pläne für die große Reise, dass Tim beinahe zu spät zur Schule gekommen wäre. Es war nur gut, dass er die neuen roten Feuerschuhe angezogen hatte. Darin konnte er viel schneller rennen als in seinen anderen Schuhen.

Am Schultor traf er den Lehrer. Der rief schon von Weitem:

»Viel Glück, Tim!«

Aber Tim vergaß sich zu bedanken und Guten Morgen zu sagen.

»Wann gibt es Ferien?«, fragte er. »Ich heiße jetzt Tim Feuerschuh und mein Vater soll Windsandale heißen!« Dann erzählte er dem Lehrer von seinen Geburtstagsgeschenken.

Sie kamen viel zu spät in die Klasse. Aber das war heute nicht schlimm. Tim hatte doch Geburtstag.

Der große Abschied
und hundert Millionen Löwenmüte

Es dauerte noch eine ganze Woche, bis die Ferien anfingen. Aber dann zog Tim eines Morgens seine Feuerschuhe an.

Die Mutter war genauso aufgeregt wie Tim. Sie packte Butterbrote ein, holte Vaters alten Schlapphut aus dem Schrank und schnallte ihm eine Wolldecke auf den Rucksack.

»Seid vorsichtig, ihr beide«, sagte sie, »und zieht immer trockene Strümpfe an. Ich habe euch einen Kuchen eingepackt. Aber den dürft ihr erst morgen anschneiden. Er ist noch zu frisch. Ach, ich werde keine Nacht schlafen können, so viel Sorgen mache ich mir! Und eine Wurst ist auch in Vaters Rucksack. Esst nicht zu viel auf einmal davon. Schreibt ihr mir auch immer, wie es euch geht? Und zieht trockene Strümpfe an, wenn es regnet, hört ihr?«

»Bestimmt!«, sagte der Vater. »Die Wurst schneiden wir erst an, wenn sie nicht mehr frisch ist. Und wenn wir einen Briefkasten sehen, stecken wir immer trockene Strümpfe hinein. Und Kuchen essen wir nur, wenn es regnet!«

»Ach, du!«, sagte die Mutter. Sie musste sich die Augen wischen. Man wusste nicht genau, ob es vom Lachen kam oder vom Abschied. Der Vater gab ihr schnell einen Kuss und Tim umarmte sie, so fest er konnte.

»Komm doch mit!«, flüsterte er.

»Nein«, sagte die Mutter. Nun lief eine dicke Träne an ihrer Nase entlang. »Einer muss doch zu Hause bleiben und den Kunden sagen, dass der windige Windsandalen-Wanderschuster bestimmt in vier Wochen zurückkommt.«

Sie ging mit Tim und dem Vater auf die Straße. »Nun geht schon!«, sagte sie und lachte und winkte und wischte sich die Augen. Tim sah sich bei jedem zweiten Schritt nach ihr um.

»Dass du mir nicht zu viel Hausputz

machst!«, rief der Vater. »Und schließ abends die Tür gut ab!«

»Kommt gesund wieder!«, rief die Mutter. Dann winkte sie noch einmal und ging schnell ins Haus.

»Wir wollen etwas singen«, sagte der Vater.

»Ich kann nicht«, sagte Tim. »Bei mir steckt etwas Dickes im Hals.«

»Ha-hm«, machte der Vater. »Bei mir auch. Ha-hm. Das ist der Abschied. Man muss ihn fortsingen.«

Und dann sangen sie »Wem Gott will rechte Gunst erweisen«, aber nur ganz leise, weil die Leute in den Häusern noch schliefen.

Plötzlich blieb Tim stehen und sagte:

»Jetzt!«

»Was ist jetzt?«, fragte der Vater. »Hat dich eine Wespe gestochen?«

»Jetzt fängt es an!«, rief Tim.

Der Vater fragte: »Hast du auch einen Löwenmut und eine Pferdekraft mitgenommen, Feuerschuh?«

»Hundert Millionen Löwenmüte und Pferdekräfte!«, rief Tim. »Werden wir viele Abenteuer erleben?«

»Bestimmt«, sagte der Vater. »Abenteuer gibt es überall.«

Tim fragte, ob sie wohl Räuber im Wald treffen würden? Oder wilde, gefährliche Tiere?

Vielleicht könnten sie auch einen vergrabenen Schatz finden?

»Das wäre gut«, sagte der Vater. »Aber jetzt müssen wir zum Bahnhof, sonst fährt unser Zug ohne uns fort und wir verpassen die besten Abenteuer!«

Es fängt wirklich an
und Tim erlebt ein Abenteuer

Sie fuhren bis zu einer kleinen Bahnstation. In der Ferne sah man schon die hohen Berge.

Tim war noch nie richtig auf dem Land gewesen. Auch die Großmutter wohnte in einer großen Stadt, und alle Onkel und Tanten wohnten in großen Städten. Tim rief:

»Was für ein kleines Bahnhöfchen! Und so schöne Apfelbäume, und eine Wiese, ein Bach, Windsandale, ein richtiger Wiesenbach!« Er

rannte vor dem Vater her. Der Rucksack hüpfte auf seinem Rücken, die Sonne schien und ein lustiger Wind wehte.

Sie blieben nicht lange auf der Landstraße. Bald bog der Vater in einen Feldweg ein, der führte durch Wiesen und Äcker. Tim blieb immer wieder stehen. »Wie heißt diese Blume?«, fragte er. »Was für ein Tier krabbelt dort?«

Aber es wurde immer heißer und der Weg wurde immer steiler und es war, als würde der Rucksack immer schwerer. Tim fragte nichts mehr.

Endlich kamen sie in den Wald.

Tim fand Himbeeren und kleine Walderd-

beeren, aber der Vater sagte: »Komm weiter, es ist noch zu früh zum Ausruhen.«

»Klar«, sagte Tim. Aber er war schon müde.

Einmal saß ein Hase mitten auf dem Weg und mümmelte Gras und Klee.

»Der isst schon zu Mittag!«, rief Tim.

Da flitzte der Hase ins Gebüsch.

»Komm weiter«, sagte der Vater. »Es ist noch zu früh zum Essen.«

»Meinst du?«, fragte Tim.

»Ja«, sagte der Vater. Er lachte.

Aber bald danach kamen sie an eine kleine Waldwiese, da breitete er die Decke aus. In seinem Rucksack waren Butter-brote und Eier und eine Fla-sche Tee. In Tims Ruck-sack steckten eine Tafel Schokolade und ein großer Dauerlut-scher zwischen den Broten.

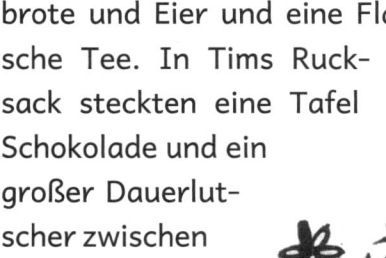

Natürlich mussten sie auch die Wurst probieren. Der Vater schnupperte sogar am Kuchenpaket. Aber da rief Tim:

»Halt, Windsandale, das gilt nicht! Die Mutter hat es verboten!«

»Uiuiui«, machte der Vater und schob den Kuchen schnell wieder in den Rucksack. »Du bist aber ein Aufpasser!«

Er schob den Rucksack unter den Kopf und schon schnarchte er. Tim konnte nicht schlafen. Er dachte: Es ist besser, wenn ich wach bleibe. Vielleicht kommen sonst Räuber oder wilde Tiere? Er legte sich auf den Rücken und leckte an seinem Dauerlutscher und sah zu, wie der Wind die Zweige bewegte.

Da! Was hatte jetzt geraschelt? Hier, im trockenen Laub? Oder dort unterm Busch? Nun schon wieder!

»Vater!«, rief Tim. »Eine Schlange!«

Der Vater gähnte und lachte.

»Ein Mäuschen!«, rief er. »Du hast es mit deinem Geschrei so furchtbar erschreckt, dass es mir fast ins Hosenbein geschlüpft wäre. Sag mal, Tim Feuerschuh, wo waren denn deine hundert Millionen Löwenmüte?«

»Ich glaube, die haben schon geschlafen«, sagte Tim und zwinkerte ihm zu.

»Bestimmt«, sagte der Vater. »Ich habe einmal irgendwo gelesen, dass Löwen schläfrig werden, wenn sie Dauerlutscher lecken.«

Sie lachten über dieses erste große Abenteuer und wanderten weiter.

Die fürchterliche Alma und
der großartige Tim

Sie hatten Glück an diesem ersten Tag. Als sie aus dem Wald kamen, trafen sie einen Bauern auf der Wiese. Der Vater fragte ihn, ob es hier in der Nähe wohl Schuhe zu flicken gäbe. – O ja. Sie sollten dort hinüber zum Hof gehen und die Frau fragen.

Das taten sie. Die Bäuerin freute sich, dass ein Schuster kam. Gleich suchte sie alle zerrissenen Schuhe zusammen und der Vater Windsandale packte sein Handwerkszeug aus.

Es gab auch ein Kind auf dem Hof, ein Mädchen, das hieß Gisela.

Sie war genauso alt wie Tim und sie bewunderte ihn, weil er schon auf die Wanderschaft gehen durfte.

»Och«, sagte Tim, »mir macht das gar nichts

aus. Ich heiße doch Tim Feuerschuh!« Und er kam sich sehr großartig vor.

Gisela zeigte ihm alle Tiere in den Ställen: die Pferde, die Schweine, die Kälber, die Hühner, den Hund und die Katzen.

Sie sagte: »Unsere Kühe sind noch draußen auf der Weide. Nachher hole ich sie. Kommst du mit? Oder hast du Angst vor Kühen? Manche Stadtkinder rennen weg, wenn ich mit ihnen komme.«

»Ich?«, fragte Tim. »Angst vor Kühen soll ich haben? Das ist ja zum Lachen!«

So gingen sie abends hinaus auf die Weide. Die Kühe liefen ihnen schon bis zum Weidetor entgegen. Gisela kannte sie alle mit Namen. Da waren die Ella und die Berta, die Olga, die Alma und die Emma. Gisela sagte: »Ella ist die Leitkuh. Die nehme ich. Dann laufen die anderen von selbst mit. Du kannst Alma nehmen, die geht am Schluss. Sie ist sehr brav.«

Schon hatte Tim eine Kette in der Hand und am anderen Ende der Kette war eine dicke, große Kuh. Er machte den Arm steif, damit sie ihm nicht zu nahe kam. Sie hatte so große, spitze Hörner.

Erst ging alles sehr gut. Gisela zog mit den anderen Kühen voran und Alma und Tim gingen hinterher. Tim dachte: Da kann man sehen, was für ein Kerl ich bin! Ich fürchte mich nicht vor Kühen wie die anderen Stadtkinder. Und er kam sich noch großartiger vor.

Aber dann blieb Alma plötzlich stehen und fing an zu fressen. Vielleicht war sie noch nicht satt? Oder das Gras am Wegrand schmeckte besser als das auf der Weide? Tim wartete. Alma fraß. Sie rupfte und kaute und schaute über die Wiesen.

»Bitte!«, sagte Tim. »Wir müssen weitergehen.«

Alma fraß weiter. Längst waren Gisela und die anderen Kühe nicht mehr zu sehen. Alma fraß und fraß. Tim zog vorsichtig an der Kette. Alma machte drei Schritte und blieb wieder stehen. Sie schlug ihren Schwanz um Tims Kopf.

»Pfui!«, sagte er. »Lass das! Geh weiter!«
Diesmal zog er fester an der Kette.

»Ha-Muh!«, machte Alma und drehte den
Kopf zu ihm.

Tim erschrak. So aus der Nähe klang das
Muhen schrecklich laut. Und wie groß diese
Kuhaugen waren! Tim sprang einen Schritt zu-
rück. Das gab einen Ruck an der Kette.

»Ha-muhu!«, schrie Alma, schüttelte den
Kopf und warf das Hinterteil herum. Und dann
raste sie los! Tim wusste gar nicht, dass Kühe
so rennen können. Er hing an der Kette und
ließ sich ziehen.

»Halt! Halt!«, schrie er. »Andersherum!«

Aber Alma stapfte mit ihren dicken, eigensinnigen Beinen in den Wald hinein. Tim hätte am liebsten geweint. Ob diese schreckliche Kuh ihn wohl immer weiter fortschleppen würde? Er durfte sie doch nicht loslassen! Und wie dunkel es im Wald schon war!

»Gisela!«, rief Tim. »Giselaha!«

»Ja – ha! Wo seid ihr?«, rief Gisela.

»Hier! Im Wald! Hilf mir doch!«, schrie Tim.

»Ha-muhuu!«, brüllte Alma.

Endlich kam Gisela. Sie nahm die Kette, gab Alma einen Schlag hinten drauf und sagte:

»Ale, Alma! Ale!« Und schon lief die Kuh brav und ordentlich den Berg hinunter. Tim trottete hinterher. Jetzt kam er sich überhaupt nicht mehr großartig vor.

»Mensch, Windsandale!«, sagte er abends, als sie im Gästezimmer in den Betten lagen. »Stell dir das vor: Beinahe hättest du allein weiterwandern müssen! Und ich wäre mit der fürchterlichen Alma durch die Welt gezogen!«

Sie lachten und freuten sich auf den nächsten Tag.

Tim auf der Brücke
und die Geschichte von einem
uralten Fisch

So wanderten sie durch das Land, Feuerschuh und Windsandale.

Fast überall fand der Vater Arbeit. Er konnte sogar Geld nach Hause schicken. Und Tim war ein tapferer Wanderkamerad. Seine roten Schuhe wurden blind vom Straßenstaub und zerkratzt von Steinen und Dornen. Wenn ihm ein Weg gar zu lang vorkam, sang er mit Windsandale ein Lied, das nannten sie ihr Wanderschusterlied.

Der Vater sang:

»Der Tim, der Tim, der Feuerschuh,
der fürchtet sich vor keiner Kuh!«

Und Tim sang:

»Die Windsandale hat 'nen Hut,
und Mutters Kuchen schmeckt ihm gut!«

Und dann sangen sie beide:
»Wir sind zwei Wanderschuster,
kein Wald ist uns zu duster,
kein Weg ist uns zu schlecht und weit,
kein Graben ist zu tief und breit,
wir wandern weiter, immerzu,
Windsandale und Feuerschuh!«

Immer höher stiegen sie ins Gebirge hinauf. Da kamen sie einmal an einen Bach. Der war nicht tief, deshalb hatten die Leute nur einfach ein

starkes Brett als Brücke über den Graben gelegt. Der Vater ging voran. Schon wanderte er
drüben weiter. Tim stand vor dem Brett. Wo
konnte man sich festhalten? Ohne Geländer
sollte er über das gefährliche Wasser gehen?
Plötzlich fiel ihm das Lied von
Tim dem Dicken wieder ein.
Wenn das Brett nun zerbrach?
»Windsandale!«, rief er. »Bitte,
gib mir die Hand, hilf mir doch!«
Aber das Wasser rauschte zu laut.
Der Vater hörte ihn nicht. Oder tat er
nur so? Ganz genau konnte man das
nicht wissen! Er ging immer
weiter fort. Nun konnte
Tim ihn schon nicht
mehr sehen.

»Jetzt gehe ich!«, sagte Tim laut. Aber seine Beine wollten nicht gehen. Sie blieben einfach stehen.

»Aber jetzt!«, sagte Tim. Doch die Beine wollten immer noch nicht gehen.

Tim dachte: Ich will die Augen zumachen. Dann sehe ich dieses schlechte Brett nicht und dann habe ich auch keine Angst mehr.

Das tat er also. Er machte die Augen fest zu und rannte los.

Plumps! saß er im Wasser. Kalt war das. Und da stand der Vater! Er war also doch wieder zurückgekommen und nun lachte er und lachte.

Tim kletterte ans andere Ufer und rieb sich das nasse Hinterteil. Zuerst dachte er: Windsandale ist ein Rabenvater! Aber dann lachte er mit.

Nachher musste er eine ganze Stunde auf dem Bauch in der Sonne liegen, bis seine Hose wieder trocken war. Der Vater erzählte ihm dabei eine Geschichte:

»Es war einmal ein uralter Fisch. Der

schwamm im großen Meer seit hundertund-
zweiundzwanzig Jahren. Kein Fischer konnte
ihn fangen. Dazu war er viel zu schlau. Wenn
er die Netze und Angeln sah, machte er einen
großen Bogen. Mit den fettesten Würmern ließ
er sich nicht locken. Aber als er hundertund-
dreiundzwanzig Jahre alt geworden war, fing
er plötzlich an sich zu langweilen. Immer so im
Meer umherzuschwimmen, das gefiel ihm nicht
mehr.

Er wollte endlich wissen, wie es oben in der
Sonne aussah. Das konnten ihm die anderen
Fische nicht erzählen. Auch die nicht, die
schon hundertundvierundzwanzig Jahre alt

waren. Deshalb dachte der alte Fisch: Ich will mich fangen lassen. Dann werde ich an Land gezogen und kann mir dort oben alles ansehen. Er schwamm vom Meer in den Fluss, bis er zu einer Brücke kam. Oben auf der Brücke saß ein Angler. Der wartete schon seit drei Stunden und hatte noch nichts gefangen. Schwups! biss der alte Fisch in den Regenwurm an der Angel. Der Mann oben freute sich und zog ihn schnell hoch. Aber der Fisch freute sich nicht. Jetzt merkte er, dass er in der Luft nicht atmen konnte. Er japste und schlug mit dem Schwanz. Ach, und die Sonne schien so heiß! Er fühlte schon, wie er trocken wurde.

Der Angler packte den alten Fisch am Schwanz und hielt ihn hoch. Die anderen Angler sollten doch sehen, was er da gefangen hatte. Aber der Fisch war immer noch stark. Er nahm alle seine Kraft zusammen und bog sich und zappelte und schlug mit dem Schwanz und flutschte dem Angler aus der Hand und fiel zurück ins Wasser. So schnell er konnte, schwamm er wieder zurück ins Meer. Zu den anderen Fischen sagte er: ›An Land ist es grässlich! Man wird ganz trocken dort! Könnt ihr euch so etwas vorstellen? Ich verstehe nicht, wie die Menschen und die anderen Tiere das aushalten. Bleibt nur immer im Wasser, ihr Fische!‹

Und er wurde hundertundfünfundzwanzig Jahre alt. Dann passierte ihm ein Unglück. Er schwamm gerade in einem Wildbach spazieren, da setzte sich ein Junge auf seinen Bauch. Vor Schreck ist der Fisch gestorben.«

»Nein!«, rief Tim. »Jetzt schwindelst du, Windsandale! Ich habe mich auf keinen Fisch gesetzt.«

»Nein?«, fragte der Vater. »Dann habe ich mich geirrt, dann wird der Fisch vielleicht zweihundert Jahre alt? Aber nun komm, deine Hose ist trocken.«

Von der Finsternis,
dem Angsthasen und den Sternen

Einmal hatten sie einen schlechten Tag. Wo sie auch nach Arbeit fragten, überall schickten die Leute sie fort.

Schließlich wurde es Abend und sie waren immer noch unterwegs. Tim hatte großen Hunger und seine Füße taten ihm weh.

»Im nächsten Dorf gehen wir in ein Gasthaus«, sagte der Vater. Tim stellte sich Kartoffelklöße und Braten und ein großes weißes Bett vor und sofort machte er größere Schritte.

Nun mussten sie durch einen dichten Wald. Die Nacht kam und es war sehr dunkel. Sie konnten den Weg nicht mehr sehen, sie stolperten über Baumwurzeln und Steine, und Brombeerranken und Farnkräuter hielten ihre Füße fest. Sie hatten sich verirrt. Tim hielt sich an Vaters Hand fest. Er sagte:

»Unser Lehrer hat einmal ein Wort gesagt, das hieß Finsternis. Ich glaube, hier ist Finsternis!«

»Nein«, sagte der Vater, »Finsternis ist nur, wenn man ganz allein und ganz traurig ist. Wir sind doch nicht allein. Du bist bei mir und ich bin bei dir und am Himmel stehen die schönen Sterne. Der liebe Gott ist auch bei uns. Er hält deine andere Hand fest.«

»Das glaube ich nicht«, sagte Tim. »Der hat sich doch den ganzen Tag nicht um uns gekümmert.« Und er steckte die andere Hand in die Hosentasche. »Kannst du mir nicht eine Geschichte erzählen?«

»Gut«, sagte der Vater. »Ich erzähle dir eine Nachtgeschichte. Es war einmal ein ängstlicher Hase, ein richtiger Angsthase. Der fürchtete sich am Tag, weil es so hell war, und in der Nacht fürchtete er sich vor der Dunkelheit. Tatsächlich hätte der Fuchs ihn einmal fast erwischt und ein anderes Mal war die alte Eule hinter ihm her. Er wagte sich schon kaum noch aus dem Gebüsch. Eines Nachts, als der Hase sehr großen Hunger hatte, lief er zum

Kleefeld am Waldrand. Aber dort saß der dicke Wildkater in einer Astgabel und seine grünen Augen glitzerten. ›Gut, dass du kommst, liebes Häschen‹, maunzte der Kater. ›Ich habe ja solchen Hunger auf Hasenfleisch!‹ Der arme Hase konnte sich nicht rühren vor Angst. Aber wie er so zu den grünen, gierigen Glitzeraugen hinaufstarrte, sah er die Sterne über dem Wald. ›Ach, lieber Herr Kater!‹, pfiff er. ›Ich bin doch so mager. Möchten Sie nicht viel lieber Tauben zum Abendessen? Sehen sie nur, sieben schöne Tauben sind dort oben am Himmel, gerade über Ihnen!‹ – ›Wo?‹, knurrte der Kater und reckte seine Barthaare in die Luft und der Hase witschte ins Gebüsch und duckte sich in seine warme gepolsterte Erdmulde.«

Tim hatte gar nicht gemerkt, wie der Wald immer lichter wurde. Nun sahen sie ein Dorf im Tal. Aber in allen Häusern war es schon dunkel.

»Wir bleiben hier«, sagte der Vater.

Am Waldrand war ein Kornfeld, das hatten die Leute schon abgeerntet und große eckige

Strohballen lagen dort. Der Vater schob sie zusammen, da hatten sie ein Strohhaus. Er schnallte die Decke vom Rucksack und holte Laub aus dem Wald. Nun hatten sie auch ein Bett, das gefiel Tim noch viel besser als ein Gasthausbett. Der Vater hatte auch noch ein Stück Brot in der Tasche. Das teilten sie sich und es schmeckte viel besser als Kartoffelklöße mit Braten. Sie lagen auf dem Rücken und schauten in den Himmel. Der Vater zeigte Tim das Siebengestirn, die sieben Sterne, mit denen der Hase den Kater gefoppt hatte. Auch den großen Wagen und den kleinen Wagen, die Krone und den Schwan sahen sie und den ganzen wunderbaren Sternenhimmel.

»Aber das Siebengestirn gefällt mir am besten«, sagte Tim.

Und dann fragte er leise: »Meinst du, der liebe Gott ist mir böse, weil ich das gesagt habe vorhin?«

»Nein«, sagte der Vater. »Er weiß doch, dass du dich geirrt hast.«

»Und wie!«, rief Tim. »Sogar in der Hosentasche drin hat er meine Hand noch fest gehalten. Und jetzt ist alles so gut geworden! Ich bin richtig froh, dass wir einen Unglückstag hatten. Sonst würden wir nicht hier draußen schlafen, sondern irgendwo in einem langweiligen Bett.«

Nun waren sie beide sehr müde. Sie krochen tiefer in ihr Strohballenhaus. Der große Wald rauschte und manchmal schrie irgendwo ein Tier.

»Das war ein Rehbock«, sagte der Vater. »Er bellt fast so wie ein Hund, wie ein heiserer Hund. Und jetzt schreit ein Käuzchen.«

»Was raschelt so?«, fragte Tim.

»Pst!«, machte der Vater. »Das ist unser Sternenhase. Er ist unterwegs zu den Gärten im Dorf.«

Tim horchte. Und da war er schon eingeschlafen.

Tim ist immer noch dick
und die Geschichte von einem
schwarzen Schaf

Früh am nächsten Morgen wanderten sie zum Dorf hinunter. Der Vater bekam Arbeit in einem Bauernhof.

Tim ging auf die Straße. Dort spielten die Kinder Fußball.

»Seht euch den Dicken an!«, rief einer. Er zeigte mit dem Finger auf Tim. Alle starrten ihn an und lachten.

»Ihr Blöden!«, sagte Tim so leise, dass keiner es hören konnte. Er spürte, wie er einen roten Kopf bekam. Er lief zum Vater.

»Was gibt es?«, fragte der. Er merkte, dass Tim wieder traurig war.

»Hier ist es genauso wie zu Hause«, sagte Tim. »Sie lachen mich aus, weil ich dick bin. Weshalb muss ich nur so schrecklich aussehen?«

»Aber du siehst doch nicht schrecklich aus!«, rief der Vater. »Du siehst wie Tim aus. Auf der ganzen Welt gibt es nur einen einzigen Tim Feuerschuh. Und der ist nun einmal dick. Du musst dich daran gewöhnen.«

»Aber ich will und will und will nicht!«, rief Tim. »Ich werde jetzt einfach nichts mehr essen, bis ich dünn bin.«

»Davon wirst du nur krank. Aber iss nicht mehr so viel Zuckerzeug. Und hör auf dich zu ärgern, davon wirst du nur noch dicker und trauriger und vom Traurigsein wirst du noch kränker. Auch das kleine schwarze Schaf ist

krank geworden. Ich will dir die Geschichte erzählen:

Also, es war einmal ein kleines schwarzes Schaf. Alle anderen Schafe in der Herde waren weiß. Sie meinten jedenfalls, sie wären weiß. Eigentlich sahen sie mehr grau aus. Aber zu dem kleinen Schwarzen sagten sie: ›Böh! Du bist aber scheußlich schwarz!‹ Und dann war das schwarze Schäfchen traurig. Es lief fort und versteckte sich. Einmal stellte es sich sogar drei Stunden in einen tiefen Bach. Doch der konnte es auch nicht weiß waschen. Es bekam nur einen Schnupfen von dem kalten Wasser.

Da lief es zu einer anderen Herde. Aber da war alles genauso. ›Böh!‹, machten die fremden Schafe. ›Habt ihr schon so etwas Schwarzes gesehen? Alle Schafe müssen weiß sein!‹

Da dachte das arme Schäfchen, Gott hätte sich vielleicht bei ihm geirrt mit der schwarzen Farbe. Es wollte zu ihm gehen und ihn bitten, es weiß zu machen wie die anderen Schafe.

Erst kam es an das kleine Himmelstor. Der Türhüter wollte es nicht vorüberlassen, weil es so schwarz war. Aber es machte sich ganz klein und schlüpfte an ihm vorbei. Der Türhüter am mittleren Himmelstor hatte Mitleid mit ihm, weil es so schwarz sein musste. Deshalb ließ er es weiterlaufen. Und der Türhüter am letzten, großen Himmelstor, der rief: ›Ach, wie hübsch! Ein schwarzes Schäfchen! Du gefällst mir aber gut!‹ Und er führte es weiter. Nun bekam das Schäfchen plötzlich Angst. Vielleicht wollte Gott keine schwarzen Schafe sehen? Doch da rief der freundliche Türhüter: ›Wie wunderschön hast du alles gemacht, großer Vater! Ist dies nicht ein wunderschönes schwarzes

Schaf? Gewiss hast du es besonders lieb!‹ Und Gott sagte: ›Ja!‹ Das hörte das Schaf laut und deutlich. Mehr sah und hörte es nicht. Aber nun war es glücklich.

Es rannte zurück zu seiner Herde. ›Böh!‹, machten die anderen Schafe. ›Das hässliche Schwarze ist wieder da.‹ Aber das schwarze Schaf konnte nur noch glücklich sein. ›Ja‹, sagte es, ›ich weiß, ich bin schwarz.‹ Und es fraß sein Gras und war immer freundlich zu den anderen Schafen. Die gewöhnten sich schließlich an ihr schwarzes Brüderchen und ließen es in Ruhe.«

»Meinst du, ich wäre auch ein Schaf?«, fragte Tim.

»Manchmal!«, sagte der Vater. »Sonst wüsstest du doch, wie langweilig es wäre, wenn alle Leute gleich aussähen. Aber ich kaufe dir nie mehr einen Dauerlutscher.«

»Das tust du ja doch nicht!«, rief Tim. Er lief zu den Kindern.

»Da ist der Dicke wieder!«, riefen sie.

Ein großer Junge sagte: »Der könnte Tormann sein. Er ist so schön fett. Kein Ball würde an ihm vorbeigehen.«

Fett sagte er! Tim schluckte zweimal, dann sagte er: »Wenn ich mitspielen darf, will ich gern Tormann sein.«

»Der gefällt mir!«, sagte der Große. »Das ist kein Übelnehmer.«

Tim musste den Kindern seinen Namen sagen und ihnen erzählen, woher er kam. Sie fanden es gut, dass er eine so große Wanderung machte. Bestimmt würde er unterwegs ein bisschen dünner. Das sagte ein Mädchen.

Den ganzen Tag blieb Tim mit den Kindern zusammen. Nachmittags spielten sie Indianer. Tim bekam den Namen »Wandernder Fettkloß«. Und darüber war er kein bisschen beleidigt. Es wurde ein ganz besonders schöner Tag.

Als Windsandale und Feuerschuh am nächsten Morgen weiterwanderten, gingen die Kinder bis zum Waldrand mit ihnen.

»Auf Wiedersehen, Herr Windsandale!«, sagten sie.

»Auf Wiedersehen, Tim Feuerschuh! Bis zum nächsten Jahr, Wandernder Fettkloß! Und gib gut acht, dass du nicht zu dünn wirst!«

Tim lachte und rief: »Bestimmt kommen wir im nächsten Jahr wieder, meinst du das nicht auch, Windsandale? Aber bis dahin bin ich noch viel, viel dicker!«

»Nein!«, riefen die Kinder. »So dünn wie ein Elefant!«

»So dick wie ein Vogelbein!«, rief Tim.

»So dünn wie ein Kürbis!«, riefen die Kinder.

Unterwegs dachten Windsandale und Feuerschuh sich noch viele verdrehte dicke-dünne und dünne-dicke Sachen aus.

Die Medizinmütze
und eine Geschichte ohne Ende

Es war ein sehr heißer Tag. Tim hätte sich am liebsten irgendwo in den Schatten gelegt. Aber der Vater rannte mit seinen langen Beinen voraus.

»Wir wollen uns eilen«, sagte er. »Im nächsten Dorf bekommen wir vielleicht Post von der Mutter. Ich habe ihr gesagt, sie soll uns dorthin schreiben.«

Nun lief Tim voraus, so freute er sich auf einen Brief von der Mutter.

Sie gingen in das Posthaus und der Beamte gab ihnen ein großes Paket. Sofort packten sie es aus. Da war frische Wäsche für sie beide, ein großer Kuchen, eine lange Wurst, ein Dauerlutscher, eine Schachtel Zigarren und eine wunderbare, feuerrote neue Wollmütze für Tim. Die Mutter schrieb, dass sie sich sehr nach ihrem kleinen Jungen sehnte. Und sie schickte ihnen viele Küsse.

»Ich bin doch kein kleiner Junge mehr«, sagte Tim. Aber er hatte Lust zu weinen.

Sie packten die schmutzigen Kleider aus ihren Rucksäcken in das Paket. Der Vater schrieb einen Brief und Tim malte ein Bild. Der Vater fand es sehr schön. Man sah die hohen Berge darauf, einen Bach mit einer Brücke und eine große Kuh auf der Wiese. Über die Straße gingen zwei Wanderer. Der eine war groß und dünn, der andere war klein und kugelrund. Darunter schrieb Tim: »Wie wir gerade unterwegs sind!« Er zeigte das Bild dem Postmann. Der gab ihm einen Rotstift und einen Blaustift. Damit malte Tim den Himmel und den Bach blau und die Schuhe und den Kopf vom kleinen dicken Wanderer rot. Sie legten das Bild obenauf in das Paket und schickten es der Mutter.

Auf der Straße sagte Tim:

»Windsandale, ich glaube, ich bin krank. Das ist, als ob in meinem Bauch ein großer Wurm wäre, der mich leer frisst.«

»Hm, hm«, machte der Vater und wiegte den Kopf hin und her. »Das muss eine ansteckende Krankheit sein. Mir geht es genauso. Ich glaube, wir haben Heimweh. Aber ich weiß ein Mittel dagegen. Du musst die neue rote Mütze aufsetzen.«

»Und du musst eine Zigarre rauchen!«, rief Tim.

Die Leute auf der Straße wunderten sich. Da lief doch ein Junge am heißen Mittag mit einer dicken Wollmütze! Und der Vater war wohl ein schlimmer Faulenzer. Der spazierte am hellen

Tag mit einer Zigarre durchs Dorf. Feuerschuh und Windsandale kümmerten sich aber nicht um die Leute. Die konnten ja nicht wissen, wie krank sie waren. Und von Medizinmützen und Zigarrenarznei verstanden sie eben nichts.

So wanderten die beiden wieder auf die Landstraße hinaus. Der Vater meinte, Tim könnte die Mütze jetzt wieder absetzen. Aber das wollte er nicht. Er war immer noch traurig und konnte an nichts anderes denken als an die Mutter und an zu Hause.

»Ach«, sagte er leise, »ich wollte –«, aber dann redete er nicht weiter. Bestimmt wäre der Vater traurig, wenn er sagen würde: Ich wollte, ich wäre wieder zu Hause!

»Was wolltest du?«, fragte der Vater.

»Nichts!«, sagte Tim. Und dabei wurde er so rot wie die Mütze auf seinem Kopf.

Ein Auto fuhr an ihnen vorüber, ein feines, mit offenem Verdeck. Ein Mann und ein Mädchen saßen darin. Das Mädchen winkte und Feuerschuh und Windsandale winkten zurück, aber Tim war missmutig dabei.

»Ach, Windsandale, wenn wir ein Auto hätten –«, fing er wieder an.

»Bist du müde?«, fragte der Vater.

»Vielleicht«, sagte Tim.

Sie setzten sich unter einen Apfelbaum in den Schatten und packten den Kuchen aus.

Ein Flugzeug zog über den Himmel.

»Wenn ich fliegen könnte, ach, Windsandale, wenn ich doch fliegen könnte!«, rief Tim.

Der Vater fuhr sich mit der Hand durch die Haare und machte wieder sein trauriges Igelgesicht. »Ichwollte-Ichhätte-Ichkönnte, –jaja, so hieß der Junge«, murmelte er.

»Wer? Wie hieß der?«, fragte Tim.

»Ach, irgendein armer, armer Junge, von dem ich einmal gehört habe. Ichwollte-Ichhätte-Ichkönnte hieß er. Aber es ist eine Geschichte ohne Ende.«

»Erzähl!«, sagte Tim. »Ist es eine schöne Geschichte?«

»Ich weiß nicht«, sagte der Vater. »Am Anfang ist sie lustig, in der Mitte ist sie furchtbar traurig und das Ende ist verloren gegangen!

Ich kenne es nicht. Also: Es war einmal ein Junge, der konnte sich wünschen, was er nur wollte – immer gingen alle seine Wünsche in Erfüllung. Wenn er dachte: Ich wollte, der Lehrer wäre morgen krank, damit wir keine Schule hätten! – sofort bekam der arme Lehrer schreckliche Zahnschmerzen. Oder wenn er dachte: Hätte ich nur einmal so viel Bonbons, wie ich essen kann! – dann kam bestimmt am nächsten Tag ein Paket von seiner Großmutter mit drei Pfund Karamellbonbons. Oder wenn er dachte: Könnte ich doch schneller rennen als alle anderen Kinder! – dann flogen seine Beine wie von selbst und er wurde Sieger beim Wettlaufen. Immer war er der Gewinner, beim Fangen, beim Verstecken, beim Klickerspielen, beim Mensch-ärgere-dich-nicht. Und wenn sie Fußball spielten, hatte natürlich seine Mannschaft jedes Mal den Sieg.«

»Der hatte es aber gut, der Junge!«, rief Tim.

»Meinst du?«, fragte der Vater. »Die anderen Kinder wollten schon gar nicht mehr mit ihm spielen. Da fing er an, sich Dinge zu wünschen. Alle Spielsachen, die man sich nur denken kann, herrliche Kleider und sogar ein schönes Gesicht und andere Haare wünschte er sich. Sein Vater brauchte natürlich nicht mehr zu arbeiten. Der Junge wünschte ihm eine Menge Geld, ein Auto, ein Haus, einen großen Garten. Und für die Mutter wünschte er schöne Kleider und ein neues Badezimmer und viele Bücher – alles, was sie gerade wollte. Seine Eltern hatten schließlich so viel mit den Sachen zu tun, dass sie sich gar nicht mehr um ihn kümmern konnten.«

»Na, er hatte doch so viel Spielsachen!«, rief Tim. »Auch eine elektrische Eisenbahn?«

»Bestimmt«, sagte der Vater. »Aber er konnte doch nicht mit allem zugleich spielen. Und so allein machte ihm das auch keinen Spaß. Nun gib acht, wie es weitergeht. Eines Tages kam ein Onkel zu Besuch, der hatte einen langen Bart. Der Junge dachte: Fein, so ein Bart. So einen möchte ich auch haben. Und wahrhaftig, ihm wuchs ein Bart! Alle Leute auf der Straße sahen sich nach ihm um. Ein kleiner Junge mit einem Großvaterbart! So etwas! Da ärgerte er sich und wäre den Bart gern wieder losgeworden.«

»Er hätte ihn wieder wegwünschen sollen!«, rief Tim.

»Das war ja das Schlimme«, sagte der Vater. »Zurückwünschen konnte er nichts. Er musste warten, bis der Bart von selbst wieder wegging. Und so war das immer. Zum Beispiel hatte er sich einmal ein Nilpferd gewünscht, nur weil er eins im Zoo gesehen hatte. Schon trampelte es durch den schönen neuen Garten. Der Zoodirektor musste mit der Feuerwehr kommen und das Tier wieder abholen. Wenn der Junge sich Regen wünschte: Gleich regnete es eine ganze Woche lang. So war das. Einmal hatte er sich auch eine weite Schiffsreise gewünscht. Und als er dann unterwegs war und Heimweh bekam, musste er warten, bis das Schiff nach Amerika und wieder zurück gefahren war.«

»Der arme Junge!«, sagte Tim.

»Wirklich ein ganz, ganz armer Junge war das«, sagte der Vater. »Nachher wurde er ja vorsichtiger mit dem Wünschen. Aber da saß er nur den ganzen Tag in seiner Ecke und dachte darüber nach, was er sich wünschen könnte. Es fiel ihm kaum noch etwas ein. Und er langweilte sich und wurde immer unzufriedener, weil nichts ihm mehr richtig Freude machte.«

»Und?«, fragte Tim. »Wie geht es weiter?«

Der Vater schnitt sich noch ein Stück Kuchen ab und biss hinein. »Ich habe dir doch gesagt, dass die Geschichte kein Ende hat. Wünschen kann man sich nämlich immer etwas. Er wünscht und wünscht also weiter und weiter, der arme Ichwollte-Ichhätte-Ichkönnte.«

»Hm«, machte Tim und nahm die rote Mütze vom Kopf. Er sagte:

»Und jetzt wünsche ich mir etwas.«

»Gib acht, Feuerschuh!«, rief der Vater. »Sei vorsichtig, wünsch nichts Falsches!«

»Ich möchte bitte ein Stück Wurst!«, sagte Tim. »Was hast du denn gedacht, Windsandale? Soll ich mir wünschen, ich wäre so groß wie du? Oder noch größer? Oder soll ich mir blaue Haare wünschen? Tu ich aber nicht! Tu ich aber nicht!«

»Wurst!«, rief der Vater. »Das ist gut.« Er schnitt für jeden ein großes Stück ab. Sie aßen und dachten sich immer verrücktere Wünsche aus.

Regenwetter, schlechte Laune
und eine Nasengeschichte

Auf einem großen Hof fand der Vater für drei Tage Arbeit. Das war gut, denn es regnete. Die Leute hatten drei Kinder, mit denen konnte Tim spielen. Es gab hier auch ein altes, gutmütiges Pferd, auf dem durfte er manchmal reiten. Am liebsten wäre er immer hiergeblieben. Aber als alle Schuhe geflickt waren, sagte der Vater:

»Hast du deine Feuerschuhe geschmiert? Morgen früh wandern wir weiter.«

Tim bettelte: »Ich möchte noch einen Tag hierbleiben, nur einen einzigen Tag!«

»Unmöglich«, sagte der Vater. »Ich habe nichts mehr zu tun.«

»Es regnet doch«, sagte Tim.

»Bist du aus Zucker, Feuerschuh?«, fragte der Vater.

»Im Regen zu wandern, das ist doch etwas Neues.«

»Ich habe aber keine Lust auf etwas Neues. Ich will hierbleiben«, sagte Tim. »Jetzt hast du so viel Geld verdient, dass wir auch einmal ins Gasthaus gehen könnten.«

Aber das wollte der Vater nicht. Am andern Morgen musste Tim früh aufstehen, den Kapuzenmantel über den Rucksack ziehen und in den kalten Regen hinauswandern.

»Ich werde mich erkälten«, sagte er. »Ich werde krank und dann musst du doch noch mit mir in ein Gasthaus gehen. Und die Mutter schimpft mit dir, weil du so schlecht für mich gesorgt hast.«

Der Vater gab ihm keine Antwort. Er pfiff und wanderte voran und das Regenwasser lief ihm in die Windsandalen.

Manchmal sah er sich um und sagte: »Gib acht, jetzt kommt eine tiefe Pfütze.«

Tim war so wütend, dass er nun erst recht durch das Wasser watete. Er wollte nasse Füße bekommen und krank werden.

Nach einer Weile fing der Vater an zu spre-
chen. Er redete nur so vor sich hin.

»Da hat es doch einmal eine Frau gegeben«,
sagte er, »die tat nichts lieber, als sich ärgern.
Schon früh am Morgen fing sie damit an. Erst
ärgerte sie sich über das Aufwachen, weil sie

lieber noch geschlafen hätte. Dann ärgerte sie sich über das Wetter. Wenn sie einkaufen ging, ärgerte sie sich über die Leute. Waren sie freundlich zu ihr, dann sagte sie: ›Die tun nur so!‹ Und waren sie unfreundlich, dann schimpfte sie: ›Ich habe es ja immer schon gewusst. Alle Leute sind schlecht.‹ Mittags kam der Briefträger. Wenn er Post brachte, ärgerte sie sich, weil sie nun eine Antwort schreiben musste, und wenn sie keine Post bekam, ärgerte sie sich noch mehr. Und so ging das den ganzen Tag, bis zum Abend. Dann musste die arme Frau sich ärgern, weil sie schlafen gehen sollte. Eines Tages ärgerte sie sich über die Stadt, in der sie wohnte. Sie packte ihren Koffer und fuhr aufs Land. Aber dort gab es wieder Ärger mit den Leuten, den Kühen, den schlechten Wegen und dem Essen. Das schmeckte ihr nie. Deshalb reiste die Frau wieder nach Hause und dort ärgerte sie sich weiter, wie immer. Mit der Zeit bekam sie ein Ärgergesicht. Ihre Stirn legte sich in tiefe Falten und ihre Mundwinkel zogen sich nach unten. Das Schlimmste aber war die Nase. Die wurde immer länger und spitzer. Wer dieser Frau auf der Straße begegnete, konnte schon von Weitem sehen, dass sie eine Ärgernase hatte. Es gibt ja auch lustige lange Nasen. Die erkennt man sofort. Aber die langen Ärgernasen sind einfach ekelhaft hässlich.«

Tim fasste sich heimlich an die Nase. »Ich weiß schon, weshalb du mir das erzählst«, sagte er. »Aber ich ärgere mich trotzdem weiter.«

Der Vater blieb stehen und betrachtete ihn.

»Hm«, machte er, »bis jetzt sieht man es noch kaum. Aber gib nur gut acht. Bei Regenwetter wachsen Ärgernasen so schnell wie das Gras. Aber das ist bestimmt sehr praktisch. Du kannst dann deinen Rucksack an der Nase aufhängen, wenn dein Rücken müde ist.«

Nun musste Tim lachen. »Hör auf, Windsandale!«, rief er. »Ich ärgere mich doch schon längst nicht mehr!«

»Da bin ich aber wirklich froh«, sagte der Vater. »Ich dachte schon, ich müsste dir beim

Ärgern helfen, damit du schneller damit fertig wirst. Dann hätte die Mutter uns beide gar nicht mehr wiedererkannt!«

»Und der Lehrer in der Schule hätte gesagt: ›Was ist denn das für ein Junge? Der ist so dick wie der Tim, aber er hat eine andere Nase!‹«, rief Tim.

Er war wieder ein lustiger Feuerschuh, hüpfte über die Wasserlachen und blies sich die Regentropfen von der Nase. Der Vater pustete auch. Sie machten einen Nasentropfen-Pustewettkampf. Tim wurde Sieger, er konnte seine Tropfen am weitesten fortblasen.

Der vergrabene Schatz und
die Geschichte vom Glücksschwein

Der Regen hörte bald wieder auf. Sie waren nun fast drei Wochen unterwegs. Immer öfter redeten sie vom Heimkommen und von der Mutter. Was sollten sie ihr mitbringen?

»Wenn wir nur endlich einen Schatz fänden«, sagte Tim.

Sie kamen zu einer alten, verfallenen Burg, die lag mitten im Wald. Büsche und Bäume wuchsen über den Steinhaufen.

»Windsandale, hier finden wir einen Schatz!«, rief Tim und kletterte gleich über eine schiefe Treppe auf einen Schutthügel.

Der Vater legte sich ins Gras. »Wenn du den Schatz gefunden hast, kannst du mich rufen«, sagte er. »Ich ruhe mich jetzt aus.«

Tim kroch tief ins Gebüsch. Aber nirgendwo fand er eine Kiste mit Edelsteinen oder einen

Sack mit Gold. Nur leere Zigarettenschach-
teln, Papier und rostige Konservendosen lagen
zwischen den Steinen. Bestimmt hatten längst
andere Leute den Burgschatz geholt.

»Wir sind zu spät gekommen«, sagte Tim
zum Vater. »Wir haben kein Glück.«

»Kennst du die Geschichte vom Glücksschwein?«, fragte der Vater. »Eigentlich war
es ein ganz besonders hübsches rosa Ferkel.
Alle Leute mochten es gut leiden. Aber es wollte unbedingt ein Glücksschwein sein. Es dachte: Glücksschweine sind reich. Ich muss einen
Schatz finden! Und es spielte nicht mehr mit
den anderen Schweinen, es fraß nicht mehr
und es schlief nicht mehr. Den ganzen Tag und
die ganze Nacht wühlte es im Hof und im Stall
die Erde auf. Sein Schnäuzchen wurde wund
und blutig davon und das ganze Schwein wurde immer magerer. Aber eines Tages fand das
Schwein tatsächlich einen alten, rostigen Topf
mit Gold und Edelsteinen. Sofort fraß es alles
in sich hinein, alle Goldstücke und alle Perlen,
alle Ringe und Ketten und Armbänder. Aber

trotzdem fühlte es sich kein bisschen glücklich. Sein Bauch tat ihm weh und so schwer war er geworden, dass dieses arme Schwein kaum noch laufen konnte. Am schlimmsten aber war die Angst. Denn wenn es nur einen Schritt machte, klingelte das Gold- und Silberzeug in seinem Bauch. Bestimmt würde der Bauer es schlachten, wenn er das merkte! Oder die Räuber würden es fortschleppen und im Wald braten. Das Schweinchen ließ die Ohren und den Ringelschwanz hängen. Ich bin ein Unglücksschwein, dachte es. Da kam die gute Muttersau. ›Nuff, nuff!‹, sagte sie. ›Du hast etwas Falsches gefressen, du dummes, armes Schweinchen. Sofort spuckst du alles wieder aus!‹ Als das Schwein den Schatz nicht mehr im Bauch hatte, fühlte es sich gleich viel besser. Es ließ sich den Fraß im Trog gut schmecken. Und dann spielte und schnuffelte es mit den anderen Schweinen um den Misthaufen herum. Ach, dachte das Schwein, es ist doch herrlich, ein richtiges Ferkel zu sein!«

»Und wer hat das Gold bekommen?«, fragte Tim.

»Der Bauer. Er hat einen neuen Schweinestall gebaut und dem Schweinchen aus Dankbarkeit eine himmelblaue Schleife an den Ringelschwanz gebunden«, sagte der Vater.

»Eigentlich hast du recht«, sagte Tim. »Wir könnten nicht mehr weiterwandern, wenn wir so viel schweres Goldzeug mitschleppen müssten. Wollen wir jetzt Ritter und Räuber spielen?« Er schrie: »Komm her, du alter Räuber Windsandale! Komm her und besiege mich!«

Der Räuber Windsandale brüllte laut und schrecklich. Er schob sich den Hut in den Nacken und kletterte Tim nach. Der schrie:

»Du kriegst mich nicht! Du kriegst mich nicht! Du alter Räuber Windsanda...« Weiter kam er nicht. Plötzlich war unter seinen Füßen nur noch ein Loch. Er rutschte auf dem Hosenboden in einen Keller. Steine und Erdbrocken fielen über ihn.

»Hast du dir wehgetan?«, fragte der Vater.

»Neben meiner Hand sitzt eine dicke Spinne!«, rief Tim.

Der Vater musste sich auf den Bauch legen und Tim nach oben ziehen.

»Schwer, schwer ist dieser Goldsack!«, sagte er und dann packte er Tim und warf ihn sich
wie einen Sack über die Schulter. Er rief: »Der
Räuber Windsandale hat einen Schatz im Keller gefunden, den bringt er der Mutter mit!«

Ein leichtsinniger Tag
und die Geschichte von den
beiden Wanderfalken

Eines Morgens sagte der Vater:

»Feuerschuh, ich bin schon wieder krank! Ich fühle mich überall so furchtbar leichtsinnig!«

»Ich auch!«, rief Tim. »Es ist entsetzlich! Meine Beine sind leichtsinnig. Sie wollen nicht laufen. Und mein Bauch ist leichtsinnig. Er will Kuchen und Bonbons!«

»Also, dagegen muss etwas getan werden. Jetzt gehen wir ins nächste Dorf und kaufen Kuchen, Bonbons und Leichtsinns-Zigarren. Und im nächsten Wald legen wir uns in den Schatten. Wir dürfen doch nicht krank nach Hause kommen. Am Ende stecken wir die Mutter an. Dann ist die ganze Familie leichtsinnig. Das geht nicht.«

Also kauften sie Obst und Plätzchen und Bonbons und suchten sich einen schönen Platz zum Faulsein. Den fanden sie bald.

Mitten im Wald war eine kleine Wiese, dort lief ein Bach am Weg entlang. »Hier ist das richtige Leichtsinns-Krankenhaus!«, rief der Vater. Er breitete die Decke aus und Tim kramte in den Tüten. Dann zogen sie Schuhe und Strümpfe aus und planschten im Bach. Sie spritzten sich gegenseitig nass und machten ein großes Geschrei. Als sie davon genug hatten, legten sie sich in den Schatten und aßen alle ihre guten Sachen auf. Tim sagte: »Jetzt fühle ich mich schon viel gesünder. Du auch?«

Sie legten sich auf den Rücken und sahen den Wolken nach.

»Die dort, die sieht wie ein Hund aus«, sagte Tim.

»Nein, wie eine Ente!«, sagte der Vater. »Rechts ist der Schnabel.«

»Aber das ist doch der Schwanz von meinem Hund!«, rief Tim.

»Eine Hundsente ist es«, sagte der Vater.

»Kennst du die nicht? Was lernt ihr denn eigentlich in der Schule? Hundsenten sind doch ganz berühmte Tiere! Die quaken nämlich nicht, die bellen.«

»Du Schwindler!«, sagte Tim. »Hast du vielleicht einmal eine gesehen?«

»Natürlich. Aber die schlief gerade. U-ha! Ich bin so müde, Feuerschuh.«

Er kroch noch ein Stück tiefer unter die Tannenzweige und streckte die Beine lang aus. Aber Tim ließ ihn noch nicht einschlafen.

»Dort fliegt ein großer Vogel«, rief er. »Kennst du den?«

Der Vater blinzelte. »Ein Bussard. Oder ein Falke. Vielleicht ein Wanderfalke.«

»Wanderfalke!«, rief Tim. »Jetzt schwindelst du schon wieder!«

»Du bist ein frecher Feuerschuh. Es gibt wirklich Wanderfalken. Du kannst deinen Lehrer fragen. Aber nun sei still«, sagte der Vater schläfrig. »Geh spielen! Aber du musst auf der Wiese bleiben, hörst du?«

Tim lief zum Bach und suchte sich bunte

Kieselsteine. Dann baute er einen Damm und einen Teich. Darauf ließ er kleine Holzstücke schwimmen. Doch so allein machte ihm das Spielen keinen Spaß. Weshalb musste der Vater nur den ganzen schönen Leichtsinns-Nachmittag verschlafen? Tim wanderte über die Wiese und langweilte sich. Er dachte: Eigentlich könnte ich auch ein bisschen in den Wald gehen. Jetzt bin ich ja nicht mehr so ängstlich wie früher und der Vater wird nichts davon merken.

Also wanderte er am Bach entlang in den Wald hinein. Dort war ein Ameisenhaufen aus Tannennadeln, höher als sein Kopf. Und dort der Eingang zu einer Höhle. Ob das ein Fuchsbau war? Dahinten auf der Lichtung gab es vielleicht noch Himbeeren. Immer weiter lief Tim von der Wiese fort, kreuz und quer durch den Wald. Schließlich kam er zu einem verlassenen Steinbruch. Ringsum wuchs dichtes Gestrüpp und in der Tiefe hatte sich ein Teich von Regenwasser gesammelt. Tim dachte: Wenn ich jetzt dort hineingefallen wäre? Der Vater hätte mich nie gefunden. Nun wollte er doch lieber zu ihm zurückgehen.

Aber wo war die Waldwiese? Wo der Bach? Tim lauschte. Nur die Mücken über dem stillen Wasser surrten. Und plötzlich hatte Tim Angst. Er dachte: Räuber! Wildschweine! Wütende Hirsche! Sollte er den Vater rufen? Nein, er wollte ganz leise auf seinen nackten Füßen zurücklaufen.

Aber der Wald wurde immer dichter. Abgestorbene Tannenzweige zerkratzten ihm Arme und Beine, klebrige Spinnweben legten sich über sein Gesicht. Tim kehrte um. Nun fand er auch den Steinbruch nicht mehr. Und hier mitten im Wald gab es keinen Weg. Er keuchte und stolperte. Ach, die Nacht würde kommen und er müsste ganz allein im Wald bleiben. Er weinte.

Aber dann, als seine Angst am allergrößten war, als er gerade laut nach dem Vater rufen wollte, lag die friedliche Wiese wieder vor ihm. Vaters Windsandalen schauten unter der großen Tanne hervor. Tim wusch sich das Gesicht

am Bach und legte sich neben ihn. Nun reckte
sich der Vater und gähnte.

»Hast du schön gespielt?«, fragte er.

»Ja«, antwortete Tim leise. »Am Bach.« Und er sagte dem Vater kein Wort davon, dass er fortgelaufen war. Sie packten ihre Rucksäcke und wanderten weiter. Der Vater fühlte sich immer noch leichtsinnig. Heute wollte er nicht in den Höfen nach Arbeit fragen. Sie fanden am Weg eine Feldscheune mit frischem Heu. Dort würden sie schlafen.

Als der Abend dämmerte, saßen sie an der warmen Bretterwand und aßen ihre letzten Vorräte auf. Nun kam der Mond über die Tannen, gelbrot wie eine riesige Apfelsine. Sie sahen immer neue Sterne kommen.

Da sagte Tim: »Vater, ich muss dir eine Geschichte erzählen: Es waren einmal zwei Wanderfalken. Ein Vater Falke und ein Sohn Falke. Die flogen zusammen durch die Welt. Das war sehr schön. Aber eines Tages war der Vater Falke müde und schlief ein. Da langweilte sich der Sohn Falke und er flog einfach ganz allein fort. Er wollte sich alles im Wald ansehen. Und er sah einen Ameisenbau und eine Fuchshöhle

und einen schwarzen See. Da bekam er plötzlich große Angst. Er wollte schnell wieder zu
seinem Vater zurück. Aber er konnte ihn nicht
finden. Die Angst wurde immer größer und
größer. Es war so dunkel und so eng im Wald!
Er weinte sogar. Aber dann fand er seinen
Vater endlich wieder. Der schlief immer noch.

Da war der Sohn Falke froh und er sagte ihm nichts vom Ausreißen.«

»Hm«, machte der Vater. »Die Geschichte ist aber noch nicht zu Ende. Ehe sie nämlich am Abend schlafen gingen, erzählte der Sohn Falke dem Vater doch noch alles. Und der Vater Falke sagte: ›Später einmal, wenn du groß bist, wirst du allein in die weite Welt hinausfliegen. Dann fürchtest du dich nicht mehr vor dem dunklen Wald und dem schwarzen Wasser und du kennst die richtigen Wege. Aber jetzt musst du noch bei mir bleiben.‹ Das sagte er und der Sohn Falke versprach ihm, nie mehr heimlich fortzufliegen.«

»Ja«, rief Tim. »Das verspreche ich dir ganz fest! Und jetzt bin ich überhaupt erst richtig froh, weil ich dir alles erzählt habe.«

Sie krochen ins Heu. Tim rückte dicht an den Vater heran.

»Endlich!«, sagte er zufrieden. »Endlich sind wir richtige leichtsinnige Landstreicher geworden!«

»Das will ich meinen!«, rief der Vater. »Du

leichtsinniger Wanderfalke Feuerschuh! Es wird wahrhaftig Zeit, dass wir wieder nach Hause zur Mutter kommen und ordentliche Leute werden.«

Die Heimkehr und das Ende
der Geschichte ohne Ende

Viel zu schnell kam der letzte Tag der großen Reise.

Sie mussten noch einmal tüchtig marschieren, bis sie abends zu einer Stadt mit einem Bahnhof kamen.

Zuerst gingen sie zum Friseur und ließen sich die Haare schneiden.

»Damit wir nicht wie Landstreicher aussehen!«, sagte der Vater.

»Deshalb sind wir trotzdem welche«, sagte Tim.

Dann kauften sie für die Mutter einen silbernen Ring mit einem blauen Stein und eine große Tafel Schokolade.

An diesem Abend gingen sie in ein Gasthaus, das hieß »Zum goldenen Ochsen«. Tim durfte sich Kartoffelklöße und Sauerbraten bestellen und aus Vaters Bierglas trinken. Aber er sollte gerade sitzen und nicht mit vollem Mund reden und nicht das Messer in die Luft spießen. Er sollte die anderen Leute nicht anstarren und nicht in der Gaststube umherlaufen und nicht mit der Soße spielen.

»Brr!«, machte Tim, als sie nachher in den Betten lagen. »Das ist ja ein grässlicher Ochse! Was darf man hier überhaupt? Stell dir vor, wie schön es wäre, wenn wir beide jetzt

im Kornfeld lägen oder in einer Scheune oder in einem gemütlichen Bauernhaus!«

Sie redeten noch lange im Dunkeln miteinander und jeder Satz fing an mit »Weißt du noch, wie wir...?« bis sie einschliefen.

Am anderen Morgen zogen sie die saubersten Hemden an, die noch in ihren Rucksäcken waren. Sie schnitten sich die Nägel und kämmten sich die Haare mit Wasser. Und noch einmal zogen sie die Feuerschuhe und die Windsandalen an.

Viel zu früh waren sie am Bahnhof, so ungeduldig waren sie jetzt. Sie wollten nur schnell wieder zur Mutter nach Hause kommen.

Als sie dann endlich wieder in ihre Straße einbogen, fingen sie beide an zu laufen.

Die Kinder rannten ihnen nach. »Der Tim ist wieder da! Schusters Tim!«, riefen sie.

»Und er ist noch genauso dick und klein wie vor den Ferien! Möpschen, du musst uns erzählen, was du erlebt hast! Bist du nicht von den hohen Bergen hinuntergekugelt?«

Wirklich, das riefen sie – und Tim war fast

gar nicht mehr traurig darüber. Er winkte und rief: »Morgen! Morgen erzähle ich euch alles!«

Die Mutter hatte die beiden Wanderer schon gesehen. Sie lief ihnen entgegen.

»Mutter! Mutter! Mutter!«, rief Tim. »Es war ja so schön! Und ich bin so froh, dass ich wieder bei dir bin!« Alles kam ihm neu und wunderbar vor. Die Kellertreppe, die kleine

Küche, Vaters Werkstatt, so fein ordentlich aufgeräumt und sein eigenes Zimmer mit der Spielkiste unterm Tisch. Sogar den Schulranzen in der Ecke musste er schnell einmal streicheln.

»Ich bin wieder zu Hause, ich bin wieder zu Hause!«, sang er und lief in alle Stuben, machte alle Schränke auf und schaute aus allen Fenstern.

Dann saßen sie wieder zu dritt am Küchentisch, aßen Kuchen und tranken Kaffee und redeten und redeten wie damals an Tims Geburtstag, als sie so große Pläne machten. Der Vater steckte der Mutter den neuen Ring an den Finger. Sie musste sich die Augen wischen, aber nur, weil sie sich so sehr freute.

Tims Wandererbild hing neben dem Herd an der Wand.

»Genauso war es!«, rief Tim. »Genauso! Und die Kuh heißt Alma. Ich sollte sie von der Weide holen und da ...«

Aber jetzt war es schon dunkel und Tim sollte schlafen gehen.

»Morgen erzählst du mir weiter!«, sagte die Mutter. Tim war auch wirklich sehr müde.

Aber als dann die roten Feuerschuhe unter seinem Bett standen und die Eltern ihm Gute Nacht sagen wollten, rief er: »Wartet!« Und er tat so, als müsste er etwas suchen. Er kroch unter die Decke bis ans Fußende, schaute unters Bett und kramte in seinem Rucksack.

»Was sucht er nur, der Feuerschuh?«, fragte der Vater.

Tim sagte: »Das Ende suche ich, Windsandale, das Ende von der Geschichte ohne Schluss. Weißt du noch, wie wir das Paket mit der Medizinmütze bekommen haben und wie wir so schreckliches Heimweh hatten? Ich wollte überhaupt nicht mehr weiterwandern. Am liebsten wäre ich sofort wieder zu Hause gewesen. Da hast du mir die Geschichte von dem Jungen erzählt, der sich immer alles wünschen konnte. Und jetzt habe ich das Ende gefunden!«

»Fein«, sagte der Vater, »das musst du uns schnell noch erzählen. Es ist doch hoffentlich ein gutes Ende?«

»Ein sehr gutes«, sagte Tim. »Also: Wie der arme Junge Ichwollte-Ichhätte-Ichkönnte sich so ganz unzufrieden und dumm und blöd fühlte von der vielen Wünscherei, da fiel ihm endlich etwas ein. Er wünschte sich nämlich einfach überhaupt nichts mehr, nichts und gar nichts! Fertig. Die Geschichte ist aus.« Tim rollte sich auf die Seite und zog die Decke über die Schulter. Er gähnte. »Und ich wünsche mir auch nichts mehr«, sagte er. »Ich bin nur froh, dass ich euer Tim bin.«

»Du lieber Junge!«, sagte die Mutter und gab ihm einen Kuss. Sie musste sich schon wieder die Augen wischen, weil sie schon wieder zu glücklich war. Der Vater sagte:

»Das ist das allerbeste Geschichtenende, das ich je gehört habe, Tim Feuerschuh, mein Wanderkamerad!«

»Ja«, flüsterte Tim. »Und vielen Dank, Windsandale. Für alles.« Dann schlief er ein.

Wölfel, Ursula:
Feuerschuh und Windsandale
ISBN 978 3 522 18600 1

Gesamtausstattung: Regina Kehn
Einbandtypografie: Suse Kopp
Satz: Bettina Wahl
Reproduktion: HKS-Artmedia GmbH
Druck und Bindung: CPI Books GmbH

MIX
Papier aus verantwor-
tungsvollen Quellen
FSC® C083411
www.fsc.org

Ein weiterer Klassiker von Ursula Wölfel

Ursula Wölfel

Fliegender Stern

112 Seiten · Broschur
ISBN 978-3-522-18551-6

Der Indianerjunge Fliegender Stern möchte endlich zu den Großen gehören. Dann hätte er sein eigenes Pferd und vielleicht dürfte er sogar mit auf die Büffeljagd! Doch seit der weiße Mann ins Land gekommen ist, sind die Herden verschwunden. Und ohne Büffel kommt der Stamm nicht über den Winter. Da beschließen Fliegender Stern und sein Freund Grasvogel heimlich zu den Weißen zu reiten, um herauszufinden, warum sie die Büffel vertrieben haben.

Lieblingsbücher fürs Leben.
www.thienemann-esslinger.de

140 erstaunliche Geschichten zum Vor- und Selberlesen

Ursula Wölfel

**Das große
Geschichtenbuch zum
Lachen und Staunen**

312 Seiten · Gebunden
ISBN 978-3-522-18562-2

Wie wird man Weltmeister im Bleistiftspitzen? Und wachsen einem wirklich Blumen aus der Nase, wenn man sie nicht putzt? Ursula Wölfel erzählt von Menschen und Tieren, mal leise und poetisch, mal verrückt und lustig. Die 140 originellen und fantasieanregenden Geschichten sind ein Vergnügen für die ganze Familie.